너의보주

대종경 요훈품

동남풍

둥근 문고리②

원불교의 진리는 ○(일원상)으로 상징합니다.
행복의 문에 달린 둥근 문고리를 생각했습니다.
원불교라는 행복의 문을 열려고 머뭇머뭇하시는 분들을 위해 작은 책을
엮었습니다.
원기83년부터 93년까지 11년간 전곡교당 개척교화를 하면서
교도님들께 보냈던 편지글 가운데 일부입니다.
대종사님 법문에 누가 되는 것 같아 망설였습니다만
작은 문고리 역할이라도 할 수 있으면 작은보은이 되지 않겠나 싶어
용기를 냈습니다.
공부가 깊지 않고 실력이 모자란 사람의 의욕을 어여삐 봐주시기 바랍니다.

원기 95년 2월 15일 최정풍 교무 합장.

이 작은 책을
전곡교당 개척교화의 기틀을 마련해 주신
양타원 박자은, 고 인산 최운전님께 바칩니다.

차례

마음공부	06
수도인이 구하는 것	08
선악의 근본	10
영원한 복	12
큰 것을 얻으려면	14
어리석음	16
먼저 닦을 것	18
온전한 용맹, 온전한 재주	20
근심과 걱정	22
조급한 마음으로는	24
큰 공부를 방해하는 두 마장(魔障)	26
희망이 끊어진 사람	28
여의보주(如意寶珠)	30
먼저 나를 바루라	32
자기를 이기는 사람	34
어리석은 사람	36
도로써 구하라	38
일 먼저	40
화와 복	42
제일 편안한 사람	44
중생과 불보살	46
일과 공덕	48
낮아지는 사람	50

숨길 것, 들춰낼 것	52
큰 덕, 큰 죄	54
선이 악으로, 악이 선으로	56
공짜는 없다	58
참 사람	60
빈 말	62
나 먼저 풀어야	64
복을 불러오는 마음	66
앞길을 여는 법	68
중생과 도인	70
안타까운 깨달음	72
버릴 것이 없다	74
알아야	76
더 큰 선(善)	78
제도하기 어려운 사람	80
어김과 지킴	82
평범한, 특별한 인물	84
도가의 명맥	86
참 자유	88
복 밭(福田)	90
널리 아는 사람	92
행복한 사람	94

마음공부

대종사 말씀하시기를
「모든 학술을 공부하되 쓰는 데에 들어가서는 끊임이 있으나, 마음 작용하는 공부를 하여 놓으면 일분 일각도 끊임이 없이 활용되나니,
그러므로 마음공부는 모든 공부의 근본이 되나니라.」
〈대종경 요훈품1장〉

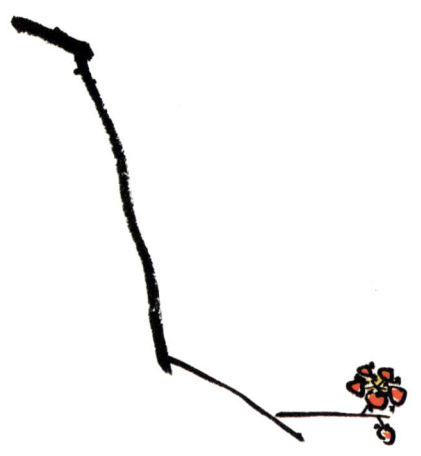

중국말을 배워서 스위스에서 쓸 수는 없고
조리사 자격증으로 간호사 일을 할 수는 없습니다.
목공 일을 배워서 용접을 할 수는 없습니다.

그러나 마음 작용하는 공부는 스위스에서도 아프리카에서도 유용할뿐더러
요리를 하건, 간호를 하건, 목수 일을 하건, 용접을 하건
그 어떤 일을 하든지 반드시 필요한 공부입니다.
밥을 먹든, 잠을 자든, 지식을 배우든, 한가로이 산책을 하든,
하지 않을 수 없는 공부입니다.

햇빛 아래서 그림자를 떨칠 수 없듯이
생명 있는 모든 존재들이 마음을 떨칠 수는 없으니
마음공부는 인생의 선택 과목이 아니라 전공 필수입니다.

많은 지식도 나쁜 마음과 만나면 큰 죄를 낳고
작은 능력도 좋은 마음과 만나면 큰 복을 낳듯이
결과를 좌우하는 것은 결국 마음입니다.

모래 위에 집을 짓지는 않으면서 마음공부 없이도 소중한 것을 쌓으려 합니다.
결코 쌓아지지 않습니다.

기초를 다지고 근본을 다스릴 일입니다.

수도인이 구하는 것

대종사 말씀하시기를

「수도인이 구하는 바는,
마음을 알아서 마음의 자유를 얻자는 것이며,
생사의 원리를 알아서 생사를 초월하자는 것이며,
죄복의 이치를 알아서 죄복을 임의로 하자는 것이니라.」

〈대종경 요훈품2장〉

행복의 조건이 있다면 그 조건이 무엇일까요?
좀 더 넓은 집과, 좀 더 큰 승용차…좋은 직장과 건강…?
물론 이런 것들이 행복을 좌우하겠지요.
하지만 좀 더 근본적인 것을 생각하다보면
그 답은 결국 이 세 가지로 귀결됩니다.
마음의 자유!
생사의 자유!
죄복의 자유!

인간의 삶을 한계 짓는 세 가지로부터 자유로워지는 것.
그것이 수도인의 목적입니다.

그러니 누구든 생활 속에서 이 세 가지 자유를 추구하는 사람은
수도인(修道人)입니다.

그러면 '자유'를 추구하는 사람은 누구입니까?
……
살면서 '부자유'를 느끼는 사람일 것입니다.

부자유를 느끼며 그것으로부터의 자유를 꿈꾸는 사람들이
바로 수도(修道)를 하는 사람, 마음공부 하는 사람일 것입니다.

우리 모두 수도인이고 마음공부인 입니다.

선악의 근본

대종사 말씀하시기를

「한 마음이 선하면 모든 선이 이에 따라 일어나고, 한 마음이 악하면 모든 악이 이에 따라 일어나나니, 그러므로 마음은 모든 선악의 근본이 되나니라」

〈대종경 요훈품3장〉

추위에 떠는 이웃에게 옷을 주는 사람,
배고픈 이웃에게 쌀을 나눠주는 사람,
노인들에게 자리를 양보하는 젊은 이,
부모님에게 효도하는 자녀,
보는 이 없어도 휴지를 줍는 사람,
가난해도 누군가를 위해 보시하는 사람,
정의를 위해 목숨을 거는 사람…
이들의 공통점은 착한 사람이란 것이고
착한 사람이란 마음이 착한 사람을 이릅니다.
선한 한 마음이 세상을 선하게 합니다.

남의 물건을 훔치는 사람, 약한 이를 폭행하는 사람,
어린이를 유괴하는 사람, 순진한 사람을 속이는 사람,
사람의 생명을 앗아가는 사람, 전쟁을 일으키는 사람…
이들의 공통점은 악한 사람이란 것이고 악한 사람이란 마음이 악한 사람입니다.
악한 한 마음이 세상을 악하게 합니다.

선할 수도 있고 악할 수도 있는 우리 마음
그 한 마음에 따라 천만가지 선도, 악도 일어납니다.
한 마음을 다스리는 것이 곧 천만가지 선과 악을 다스리는 것입니다.
인간 만사 일체가 모두 마음의 짓는 바라,
일체를 다스리려면 먼저 마음을 다스릴 일입니다.

영원한 복

대종사 말씀하시기를

「마음이 바르지 못한 사람이 돈이나 지식이나 권리가 많으면
그것이 도리어 죄악을 짓게 하는 근본이 되나니,
마음이 바른 뒤에야
돈과 지식과 권리가 다 영원한 복으로 화하나니라.」
〈대종경 요훈품4장〉

옛날 석가모니 부처님 말씀에
'젖소가 물을 마시면 우유(牛乳)가 되고,
독사가 물을 마시면 독(毒)이 된다' 는 말씀이 있습니다.
물은 물일 뿐입니다.
물은 우유도 아니고, 독도 아닙니다.
소나 뱀에 의해 우유도 되고 독도 되는 것이지요.
돈도 돈일 뿐, 지식도 지식일 뿐입니다.
돈 그 자체는 나쁜 것도 아니고 좋은 것도 아닙니다.
그러나 돈 때문에 인생을 망치는 사람들 참으로 많습니다.
그런가하면 어떤 분들은 평생 고생해서 모은 돈으로 선행을 합니다.
지식을 악용하여 사람들을 괴롭히고 사회에 해악을 미치는 사람이 있는가하면
어떤 사람들은 많은 지식으로 인류사회를 위해 이바지합니다.

결국 돈이나 지식이 문제가 아니라,
돈이나 지식을 사용하는 사람의 문제이고,
그 사람의 마음의 문제인 것이지요.

급하게 돈과 지식과 권리를 먼저 구하기만 하다가는
삶의 본질을 놓치게 됩니다.
바른 마음이 본(本)이고 나머지 것들은 말(末)일 뿐입니다.
말이 본을 대신할 수는 없습니다.

큰 것을 얻으려면

대종사 말씀하시기를

「선이 좋은 것이나, 작은 선에 얽매이면 큰 선을 방해하고, 지혜가 좋은 것이나, 작은 지혜에 얽매이면 큰 지혜를 방해하나니, 그 작은 것에 얽매이지 아니하는 공부를 하여야 능히 큰 것을 얻으리라.」

〈대종경 요훈품5장〉

어린 아이에게 좋은 습관을 길들이기가 쉽지 않습니다.
저녁 식사 후에 이를 닦게 하는 것도 그 중 하나입니다.
이런 핑계 저런 핑계를 대서 닦지 않으려고 하지요.
마치 자신을 위해서가 아니라 부모님을 위해서 닦는 듯합니다.
철이 덜 든 때문이지요. 그런데 그 다음이 또 문제입니다.
이를 닦고 난 다음에 꼭 먹어야 할 음식이나 약을 먹지 않으려고 하는 겁니다.
왜 안먹냐고 하면, 이를 닦았기 때문에 먹지 않는답니다.
먹고 나서 다시 닦으면 되지 않느냐고 하면, 먹지 않고 닦지도 않겠답니다.
논리적으로 완전해서(?) 말도 안나오고 웃음만 나오고 맙니다.

작은 선(善)과 작은 지혜(知慧)는 그 효과가 바로 나옵니다.
그래서 그 착함과 지혜로움을 의심치 않습니다.
그런데 가끔은 멀리 내다보고 깊이 생각해야할 때가 있습니다.
지금 당장의 작은 선과 작은 지혜만으로는 부족한 경우가 있습니다.
내가 지금 행하는 선이 선은 선이로되 진정한 선인지 의심해보아야 하고,
나의 지혜가 지혜는 지혜로되 온전한 지혜인지 반조해보아야 하겠습니다.

바둑을 두는데 고수들이 두는 것을 보면 처음엔 싱겁고 이상합니다.
손해를 보는 것 같기도 하고, 아무 의미 없는 곳에 두는 것 같기도 합니다.
하수들은 열심히 눈앞의 승리를 위해서 바둑알을 놓습니다.
그런데 종반으로 갈수록 승리는 확연히 고수의 것으로 드러납니다.
눈앞의 손해가 손해가 아니었고,
의미 없는 곳에 둔 것 같던 돌들이 사실은 고수만이 놓을 수 있는 수였던 것이죠.
혹시 작은 것에 얽매여서 큰 것을 놓치고 있지는 않은지 돌아보아야겠습니다.

어리석음

대종사 말씀하시기를

「자기가 어리석은 줄을 알면,
어리석은 사람이라도 지혜를 얻을 것이요,
자기가 지혜 있는 줄만 알고 없는 것을 발견하지 못하면,
지혜 있는 사람이라도 점점 어리석은 데로 떨어지나니라.」
〈대종경 요훈품6장〉

세탁소에 맡겼던 옷을 입고 외출을 했는데
나중에 집에 돌아와 보니 세탁소에서 붙인 꼬리표가 그대로 있는 겁니다.
'아차' 하는 마음에 얼굴이 화끈거리죠.
더구나 바지 지퍼가 열린 것을 나중에 알게 되면 아주 당황스럽지요.

꼬리표가 붙은 것이나, 지퍼가 열린 것은 발견 즉시 시정이 됩니다.
꼬리표를 떼고 지퍼를 살짝 올리면 되지요.
그런데 내 마음이 어리석은 것을 발견한다는 것은 쉽지 않은 것 같습니다.
꼬리표가 붙은 것도 다른 이들이 잘 알려주지 않는데
'너 참 어리석은 사람이다.' 라고 알려주는 사람은 거의 없다고 봐야겠지요.
아마 그래서 자신의 어리석음을 발견하기가 어려운 것 같습니다.

내가 어리석고, 지혜가 밝지 못하다는 것을 자각하는 순간,
배우려하고, 깨우치려고 노력을 하게 됩니다.
지혜가 밝아지기 시작하는 것이죠.

주위 인연들을 봅니다.
바지 지퍼가 열렸다고 뒤에서 키득대는 사람들인지,
빨리 지퍼를 올리라고 귓속말을 해주는 사람인지…
배움의 길에 나서지 않고, 진정한 스승님을 만나지 않고
내 어리석음을 깨달을 수는 없습니다.

내 눈길이 나의 어리석음에 머물 때, 내 마음이 어리석음으로 답답해 할 때
지혜와 진리는 바로 그 자리에서 빛나고 있는 것 아닐까요?

먼저 닦을 것

대종사 말씀하시기를

「큰 도를 닦는 사람은 정과 혜를 같이 운전하되,
정 위에 혜를 세워 참 지혜를 얻고,
큰 사업을 하는 사람은 덕(德)과 재(才)를 같이 진행하되,
덕 위에 재를 써서 참 재주를 삼나니라.」

〈대종경 요훈품7장〉

아는 것은 많은데 슬기롭지 못하고 어리석은 사람이 있습니다.
보기에 불안하고 미덥지 못한 사람이 있습니다.
재주는 많은데 정작 큰 일은 못하는 사람이 있습니다.
이상합니다. 아는 것 많고 재주 많으면 인격도 원만하고 사업도 잘 해야 할 텐데 그렇게 되지 않는 이유가 뭘까요?

정(定)이란 정신수양 공부, 또는 그 공부로 얻은 마음의 경지를 말합니다.
일심(一心), 부동심(不動心)이라고도 합니다.
혜(慧)란 사리연구 공부, 또는 그 공부로 얻은 마음의 경지를 말합니다.
알음알이, 지혜라고도 합니다.
여기에 계(戒), 작업취사를 더하면 삼학(三學)이 됩니다.
계란 실행으로서, 정의는 취하고 불의는 버리라는 가르침입니다.
이 세 가지 공부가 인격완성의 필수과목,
부처님 되는 공부 세가지가 되는 것이지요.

여기서는 대종사님께서 두 가지만을 말씀 하셨습니다. 정과 혜.
정(定)은 인격의 바탕이고 기본이 됩니다. 혜(慧)는 말 그대로 지혜입니다.
혜가 등잔의 등불이라면 정은 등잔의 기름입니다.
덕(德)과 재(才)도 마찬가지입니다.
재가 건물이라면 덕은 그 건물의 기초입니다.
정(定)과 덕(德)은 겉으로 잘 드러나지 않습니다.
그러나 기름 없는 등불이 오래 빛날 수 없고 기초가 부실한 건물이 높이 올라갈 수 없듯이 기본이 부실하고는 나머지가 온전할 수 없습니다.
기본에 충실할 일입니다.

온전한 용맹, 온전한 재주

대종사 말씀하시기를

「용맹 있는 사람이 강적 만나기 쉽고,
재주 있는 사람이 일 그르치기 쉽나니라.」

〈대종경 요훈품8장〉

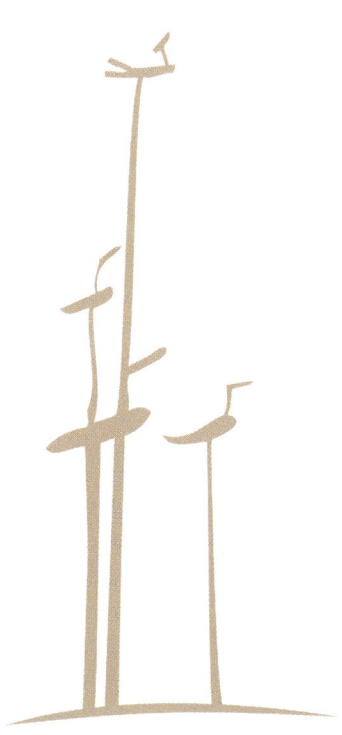

싸우지 않고 이기는 것이 최상이라는 말이 있습니다.
섣부른 용맹이 강적을 불러들이고, 싸움을 일으킵니다.
이런 용맹은 만용에 가까운 것으로서
누군가에게 자신의 용맹을 과시하고 싶은 마음이 숨어있는 용맹일 것입니다.
진정한 용맹은 싸움을 불러들이지 않습니다. 싸움이 사라지게 할 뿐입니다.
인생의 목적이 싸움에 있지 않음을 알기 때문입니다. 겸손하고 겸손할 일입니다.

그리고 대종사님께서 일을 그르치게 하는 원인으로 재주를 꼽으셨습니다.
설익은 재주를 말씀하시는 것 같습니다.
자신의 작은 재주를 과신하여 일을 섣부르게 하다보면
일을 그르치기가 쉬운 법입니다.
오히려 재주가 없는 사람은 스스로를 의심하며
모르는 것을 물어가며 일을 합니다.
돌다리도 두드리며 가는 셈입니다.

장점이 단점이고, 단점이 장점이란 말이 있습니다.
용맹과 재주가 '온전한 용맹', '온전한 재주' 가 되기 위해선
그 마음에 '치심(癡心)' 이 없어야겠습니다.
어리석은 마음이 한 가닥이라도 있는 한 그 어떤 장점도 단점이 되고 맙니다.
마음이 제대로 비워져있지 않으면 모든 장점은 반드시 단점과 화근이 되고
맙니다.
반대로 마음공부를 제대로만 하면 모든 단점이 장점으로 바뀝니다.
묘한 마음공부의 위력입니다.

근심과 걱정

대종사 말씀하시기를

「어리석은 사람은
근심과 걱정이 있을 때에는 없애기에 노력하지마는,
없을 때에는 다시 장만하기에 분주하나니,
그러므로 그 생활에 근심과 걱정이 다할 날이 없나니라.」

〈대종경 요훈품9장〉

대종사님의 안타까운 마음이 손에 잡히는 듯 합니다.

우리들이 근심과 걱정 없기를 소원하지만
그 근심과 걱정이 끝이 없는 까닭은
근심과 걱정거리를 끝없이 만들기 때문 아닐까요?

마루에 묻은 얼룩을 지우려고 걸레로 열심히 닦지만
그 얼룩이 계속 뒤에 남는 까닭은
내 발이 더러워서 움직일 때마다 얼룩이 지기 때문입니다.
닦으면 닦을수록 더 더러워지는 이유입니다.

근심과 걱정도 정말 없애고 싶다면
근심과 걱정의 근본을 다스릴 줄 알아야 할 것 입니다.

근심과 걱정이 어디서 오는지,
근심과 걱정을 누가 만드는지를 알아야
없앨 수 있는 방법을 찾을 수 있을 것입니다.

그리고 그 방법을 찾기 전에
나는 괜한 근심과 걱정을 만들고 있는 사람은 아닌지
곰곰이 뒤돌아봐야겠습니다.

조급한 마음으로는

대종사 말씀하시기를

「큰 도에 발원한 사람은 짧은 시일에 속히 이루기를 바라지 말라.
잦은 걸음으로는 먼 길을 걷지 못하고,
조급한 마음으로는 큰 도를 이루기 어렵나니,
저 큰 나무도 작은 싹이 썩지 않고 여러 해 큰 결과요,
불보살도 처음 발원을 퇴전(退轉)하지 않고 오래오래 공을
쌓은 결과이니라.」

〈대종경 요훈품10장〉

강아지를 위해서 짓는 집은 한 두 시간이면 지을 수 있습니다.
작은 움막은 며칠이면 지을 수 있겠지요.
단독 주택은 몇 달이 걸립니다.
세계적으로 유명한 종교 건물은 200년 동안 짓기도 합니다.

작은 것을 이루려면 적은 시간이 필요할 것입니다.
큰 것을 이루려면 많은 시간이 필요할 것입니다.
너무나 당연한 사실인데…
큰 것을 이루려 하면서도 속히 이루려 서두르고 조급해합니다.

큰 건물을 보면서 벽돌 하나, 모래 한 톨, 인부들의 땀방울을 생각하고,
큰 나무를 보면서 작은 싹의 소리 없는 적공(積功)을 볼 수 있어야,
높은 경지에 오르신 분들의 보이지 않는 피와 땀, 적공을 볼 수 있어야,
그래야 비로소 큰 것을 원할 수 있을 것입니다.

모든 것을 속히 이루려는 조급한 세상의 흐름 속에서
나 역시 모든 것을 너무 속히 이루려고 하는 것은 아닌지
뜀박질을 멈추고, 걸음을 늦추고, 호흡을 고르고…
조용히 나를 봅니다.

짧은 시일에 속히 이루어지지 않는 것이 있다는 말씀을 되뇌어봅니다.

큰 공부를 방해하는 두 마장
(魔障)

대종사 말씀하시기를

「큰 공부를 방해하는 두 마장(魔障)이 있나니,
하나는 제 근기를 스스로 무시하고 자포자기하여 향상을 끊음이요,
둘은 작은 지견에 스스로 만족하고 자존자대하여 향상을 끊음이니,
이 두 마장을 벗어나지 못하고는 큰 공부를 이루지 못하나니라.」

〈대종경 요훈품11장〉

자신의 무한한 가능성을 무시하는 사람은 향상할 수 없습니다.
자신의 그릇을 작은 것으로 한정 짓는 사람은 더 클 수가 없습니다.
나는 할 수 없다고 생각하는 사람은 정말 그 무엇도 할 수 없습니다.
스스로를 무시하는 것, 참으로 슬픈 일입니다.

이미 완성되었다고 생각하는 사람은 더 이상의 발전이 없습니다.
이미 배가 부른 사람이 어떤 음식을 먹을 수가 있겠습니까?
내가 다 안다고 생각하는 사람은 더 이상의 배움이 불가능합니다.
스스로 만족해버리는 것, 참으로 안타까운 일입니다.

누군가 내게 좀 더 잘 하라고 잘못을 지적했는데,
의기소침하고 주저앉아버리지는 않았는지…
누군가 내게 좀 더 잘하라고 칭찬을 했는데,
기고만장해서 더 배울 것이 없어져버리지는 않았는지…
중도를 잃은 것은 아닌지 돌아볼 일입니다.

내가 나를 믿어주고, 끝없이 믿어주고
한걸음 또 한걸음 진급의 길로 나아가는 것.
그것이 신앙이고 수행이라고 생각합니다.

희망이 끊어진 사람

대종사 말씀하시기를

「희망이 끊어진 사람은 육신은 살아 있으나 마음은 죽은 사람이니, 살·도·음(殺盜淫)을 행한 악인이라도 마음만 한 번 돌리면 불보살이 될 수도 있지마는,

희망이 끊어진 사람은 그 마음이 살아나기 전에는 어찌할 능력이 없나니라.

그러므로, 불보살들은 모든 중생에게 큰 희망을 열어 주실 원력(願力)을 세우시고, 세세 생생 끊임없이 노력하시나니라.」

〈대종경 요훈품12장〉

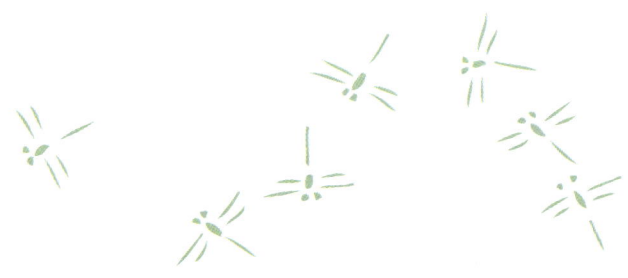

세상에 못할 것이 없고 의욕이 하늘을 찌를 듯 합니다.
살아가는 재미가 있고 보람이 있습니다.
마음이 살아있을 때입니다.

할 수 있는 일이라곤 하나도 없고
손가락 하나 까딱할 수 없이 천근만근 늘어집니다.
그 어떤 것도 하기 싫습니다.
마음이 죽어 있을 때입니다.

희망!
희망 가득한 삶, 듣기만 해도 좋습니다.
그 어떤 어려움과 역경도 헤쳐 나갈 수 있습니다.
내 안에 희망을 가진다는 것,
부처님을 모시는 공부이고, 성스러운 일입니다.

보이지 않는 마음속에
보이지 않게 자리 잡은 희망이 나를 살리고,
세상을 살립니다.
그 희망이 끊어졌을 때,
다시 살려주시는 분들 그 분들이 불보살이십니다.
나를 살리고, 세상을 살려주시는 분들입니다.

여의보주 如意寶珠

대종사 말씀하시기를

「여의보주(如意寶珠)가 따로 없나니,
마음에 욕심을 떼고,
하고 싶은 것과 하기 싫은 것에 자유자재하고 보면
그것이 곧 여의보주니라.」

〈대종경 요훈품13장〉

술이 몸에 좋지 않음을 알면서도 마십니다.
마시고 싶기 때문입니다.
담배가 몸에 해로움을 알면서도 계속 피웁니다.
피우고 싶기 때문입니다.
아침에 일찍 일어나려고 하지만 쉽지 않습니다.
운동도 열심히 하고 싶지만 쉽지 않습니다.
겉마음은 하고 싶은 것 같지만, 속마음은 하고 싶지 않은 것이지요.

어리석은 사람들은 욕심에 바탕 해서 살아갑니다.
이럴 경우 '하고 싶은 것' 에 따르다 보면 큰 일 납니다.
자신도 주변 사람도 고통과 타락의 길로 들어갑니다.
지혜로운 이들은 욕심을 이기고 살아갑니다.
옳지 않으면 하고 싶어도 행하지 않고,
옳은 일이면 하고 싶지 않아도 반드시 행합니다.
이런 경우에야 비로소 '하고 싶은 것' 을 해도 걱정이 없습니다.
하지만 이 경지가 쉽지는 않습니다.
공자님도 70세에 이르러서야
마음을 마음대로 하는 경지에 도달했다고 하십니다.

쉬운 길을 알려주신 대종사님 공부길대로 공부해서
마음을 마음대로 사용하는 여의보주를 품고 살아야겠습니다.

먼저 나를 바루라

대종사 말씀하시기를

「다른 사람을 바루고자 하거든 먼저 나를 바루고,
다른 사람을 가르치고자 하거든 먼저 내가 배우고,
다른 사람의 은혜를 받고자 하거든 먼저 내가 은혜를 베풀라.
그러하면, 나의 구하는 바를 다 이루는 동시에
자타가 고루 화함을 얻으리라.」

〈대종경 요훈품14장〉

나를 바루지 않고 다른 사람을 바루려 하면,
다른 사람이 바뤄지지 않습니다.
오히려 서로의 관계만 거칠어집니다.
내가 먼저 배우지 않고 다른 사람을 가르치려고 하면,
다른 사람이 배우지 않습니다.
오히려 한 소리 들을지도 모릅니다.
'당신이나 잘 하시오' 라고.

은혜를 받고자 하면서 정작 자신은 은혜를 베풀지 않는다면
이 세상에 은혜는 점점 메말라 갈 것입니다.
주는 사람이 받는 사람이 된다는 인과의 이치에 따라
내가 먼저 은혜를 베풀고 또 베풀 뿐입니다.
가면 오는 이치 따라 때가 되면 은혜도 돌아오겠지요.
먼저 받으려 하지 말고, 먼저 베푸는 사람이 많을 때
이 세상은 은혜가 가득한 세상이 될 것입니다.

실천 없이 하는 말은 힘이 없습니다.
법신불 사은님께서 감응해주시지 않으십니다.
사람 사이의 진정한 언어는 말보다 실천인 것 같습니다.
솔선수범하는 삶을 다시 한 번 다짐해봅니다.

자기를 이기는 사람

대종사 말씀하시기를

「다른 사람을 이기는 것이 그 힘이 세다 하겠으나, 자기를 이기는 것은 그 힘이 더하다 하리니, 자기를 능히 이기는 사람은 천하 사람이라도 능히 이길 힘이 생기나니라.」

〈대종경 요훈품15장〉

이 세상의 모든 시작은 자기로부터 비롯됩니다.
자기를 알 수 있는 사람은 다른 사람도 알 수 있습니다.
자기를 설득 할 수 있는 사람은 다른 사람도 설득할 수 있습니다.
자기를 만족시킬 수 있는 사람은 다른 사람도 만족시킬 수 있습니다.
자기를 사랑할 수 있는 사람은 다른 사람도 사랑할 수 있습니다.
자기를 용서할 수 있는 사람은 다른 사람도 용서할 수 있습니다.
자기를 성장시킬 수 있는 사람은 다른 사람도 성장시킬 수 있습니다.
자기를 빛낼 수 있는 사람은 다른 사람도 빛낼 수 있습니다.
자기를 믿을 수 있는 사람은 다른 사람도 믿을 수 있습니다.
자기를 절망에서 구할 수 있는 사람은 다른 사람도 절망에서 구할 수 있습니다.
자기의 상처를 치유할 수 있는 사람은 다른 사람의 상처도 치유할 수 있습니다.
자기의 마음을 다스릴 수 있는 사람은 다른 사람의 마음도 다스릴 수 있습니다.

해보면 알 수 있습니다.
가장 힘 든 싸움은 다른 사람과의 싸움이 아니라
자기와의 싸움인 것을.
다른 사람과의 싸움은 모두를 피 흘리게 하지만
자기와의 싸움은 자기완성과 평화로 나아가게 합니다.
이 세상에 존재하는 은혜로운 싸움은 오직 하나,
자기 자신과의 싸움입니다.
성스러운 싸움에서 이길 수 있기를 간절히 기원합니다.

어리석은 사람

대종사 말씀하시기를

「세상에 두 가지 어리석은 사람이 있나니,
하나는 제 마음도 마음대로 쓰지 못하면서
남의 마음을 제 마음대로 쓰려는 사람이요,
둘은 제 일 하나도 제대로 처리하지 못하면서
남의 일까지 간섭하다가 시비 가운데 들어서 고통 받는 사람이니라.」
〈대종경 요훈품16장〉

대종사님의 법문을 받들다 보면 많이 부끄럽습니다.
내 마음을 들킨 것 같아 무안해지기도 합니다.
사람의 욕심 가운데 흔히 재물욕, 식욕, 명예욕 등을 말하지만
가만히 보면 '사람 욕심'이 아주 큰 것 같습니다.
정확히 말하자면 사람에 대한 지배욕,
또는 남의 마음을 제 마음대로 부려 쓰려는 욕심입니다.
이 욕심도 역시 반드시 고통으로 이어집니다.
채워지기 힘든 욕심이기 때문입니다.

남편의 마음이 다르고, 아내의 마음이 다릅니다.
아들의 마음이 다르고, 딸의 마음이 다릅니다.
내 마음도 시시각각 경계 따라 변하고
모든 사람의 마음도 시시각각 경계 따라 변하는데
다른 사람의 마음을 제 마음대로 쓰려는 것, 참 허망한 욕심입니다.
무엇보다 내 마음 다스리는 공부를 제대로 하는 것이 우선입니다.
모든 것은 그 다음에 할 일입니다.
그리고 제 할 일을 제대로 한다는 것도 마찬가지.
완전무결하게 자신의 일을 한다는 것, 쉬운 일이 아닙니다.

나를 돌아볼 뿐입니다. 모든 것은 그 다음입니다.

도로써 구하라

대종사 말씀하시기를

「모든 것을 구하는 데에 도가 있건마는
범부는 도가 없이 구하므로 구하면 구할수록 멀어지고,
불보살은 도로써 구하므로 아쉽게 구하지 아니하여도
자연히 돌아오는 이치가 있나니라.」
〈대종경 요훈품17장〉

아쉬운 것이 많습니다.
돈도 많이 벌고 싶고,
지위도 명예도 하루 빨리 구하고 싶습니다.
하물며 수도인들도 진리나 깨달음을 빨리 구하고 싶어 합니다.
그러나 도(道)에 맞지 않게 구하면 구해지지 않습니다.
도를 벗어난 방법으로 벼락부자가 되었다가
알거지가 되어서 감옥에 가는 사람이 있는가 하면,
오히려 왕궁을 버리고 출가를 하신 석가모니 부처님은
수 천 년의 영예와 칭송을 얻고 계십니다.

도(道)는 길과 같습니다.
경부고속도로를 가면 부산에, 영동고속도로를 가면 강릉에 이릅니다.
강릉을 가려는데 경부고속도로를 달리고,
부산에 가려는데 영동고속도로를 달리고 있는 것은 아닌지
돌아보아야겠습니다.

도(道)는 이치(理致)요 진리(眞理)라서 털끝만한 오차도 허용치 않습니다.
하면 한 만큼이요, 노력하면 노력한 만큼입니다.
맞으면 맞고, 틀리면 틀린 것입니다.
구하는 것이 오지 않는다고 할 것이 아니라
내가 가는 길〈道〉이 바른 길인지 확인하고 또 확인할 일입니다.

일 먼저

대종사 말씀하시기를

「그 일을 먼저 하고 먹기를 뒤에 하는 사람은 군자요,
그 일을 뒤에 하고 먹기를 먼저 하는 사람은 소인이니라.」
〈대종경 요훈품18장〉

일은 대개 고통스럽고 힘이 듭니다.
먹는 것은 즐겁고 수월합니다.
땀 흘려 일하고 나서 먹는 새참이나 점심은 꿀맛입니다.
반대로 일 하지 않고 먼저 먹는 새참은 부담스럽습니다.

농부가 봄에 씨부터 뿌리지 않고 종자를 먹어버린다면
가을에 거둘 곡식이 없을 것입니다.

저녁 밥을 먹고 나서 설거지를 하지 않으면 당장은 편하지만
내일 아침이면 후회합니다.

땀흘리는 과정을 소홀히 하고
결과만을 탐하는 것은 어리석습니다.
하지만 달콤한 결과부터 바라는 마음을 제어하는 것이
그렇게 쉬운 일은 아닌 것 같습니다.

화와 복

대종사 말씀하시기를

「어리석은 사람은 복(福)을 받기는 좋아하나 복을 짓기는 싫어하고,
화(禍)를 받기는 싫어하나 죄를 짓기는 좋아하나니,
이것이 다 화복의 근원을 알지 못함이요,
설사 안다할지라도 실행이 없는 연고니라.」

〈대종경 요훈품19장〉

어리석은 사람이 따로 있는 것이 아니라
어리석은 행동을 하는 사람일 것입니다.
어리석은 행동이란 이치에 맞지 않는 행동일 것입니다.

세상 사람들 모두 복을 받기를 바랍니다.
하지만 짓지 않은 복을 받을 수는 없습니다.
세상 사람들이 모두 화를 피하고 싶어 합니다.
하지만 지어 놓은 죄에 따라붙는 앙화를 피할 수는 없습니다.
이것이 호리도 틀림이 없는 진리입니다.

이 이치는 부처님이나 하느님도 좌지우지 할 수 없는 것이니
내가 어찌 해볼 수 없는 위력을 가진 것입니다.
이 진리는 이 우주 만물에 공평하게 작용하고 있을 뿐입니다.
이 이치를 거스르는 것을 어리석다고 합니다.
이 이치에 따르는 것을 합리적이라고, 현명하다고 합니다.

복 받고, 화를 피하는 것이 다른 누군가에 달린 것이 아니라
내 마음과 내 행동에 달려있습니다.
이 것을 알면 인생의 길을 알았다고 할 수 있을 것입니다.

제일 편안한 사람

대종사 말씀하시기를

「정신·육신·물질로 혜시를 많이 하는 사람이 장차 복을 많이 받을 사람이요,

어떠한 경계를 당하든지 분수에 편안한 사람이 제일 편안한 사람이며,

어떠한 처지에 있든지 거기에 만족을 얻는 사람이 제일 부귀한 사람이니라.」

〈대종경 요훈품20장〉

비단 이불 푹신한 잠자리에 누웠어도 마음이 괴로우면
그 잠자리는 마치 가시덤불과 같습니다.
수 십 억 원짜리 아파트에 산다고 해서 행복이 보장되는 것은 아닙니다.
마음에 근심이 없고 주위 인연들과 사이가 좋으면
어려운 처지에서도 행복할 수 있고 밝은 미래를 설계할 수 있습니다.
마음에 감사와 만족이 있을 때 삶은 풍요롭습니다.

작은 그릇이 깨지는 소리에도 가슴을 쓸어내리는 사람이 있고,
벼락 치는 소리에도 태연부동한 사람이 있습니다.
작은 경계에 마음이 불편하면 한 시도 편할 날이 없을 것입니다.

마음이 작으면 작은 경계도 크게 다가오고
마음이 넓으면 큰 경계도 작아지고 맙니다.

내 마음 먹기에 따라 역경은 물러나고 편안함이 찾아옵니다.

물건도 마음도 사랑도 받으려고만 하면 괴롭고, 받아지지도 않습니다.
무엇이든 잘 베푸는 사람은 오히려 행복을 누리게 됩니다.
이상한 일입니다.
메아리와 같아서 가지 않으면 오는 것도 없습니다.
이 이치를 아는 사람은 늘 즐겁게 주고, 즐겁게 받습니다.
그 가운데 행복이 있습니다.

중생과 불보살

대종사 말씀하시기를
「중생은 영리하게 제 일만 하는 것 같으나 결국 자신이 해를 보고,
불보살은 어리석게 남의 일만 해주는 것 같으나
결국 자기의 이익이 되나니라.」
〈대종경 요훈품21장〉

석가모니 부처님, 공자님, 예수님, 대종사님…
그리고 많은 불보살님들 모두 어리석어 보이는 분들입니다.
엄청난 지혜를 가졌고 위대한 능력을 지니셨으나
개인을 위해서 그 힘을 사용하지 않으셨습니다.
집을 늘리고자 하지도 않으셨고,
돈을 벌고자 하지도 않으셨으며,
자식의 성공을 위해 아등바등 하지도 않으셨습니다.
높은 지위를 얻으려 하지도 않으셨으며,
편안함을 구하지도 않으셨습니다.

오히려 가진 것을 버린 분들이니 참, 어리석은 분들이십니다.
하지만 오랜 세월을 지내오면서 우리는
이렇게 어리석은 분들을 기억합니다, 진정 지혜로운 분들로.
그런데 문제는 그 다음입니다.
내가 그 분들처럼 그렇게 손해 보는 삶을 살고자 하는지…
자신의 이익을 위해 앞만 보고 달리는 세상에서
약한 이웃을 돕고, 뒤처진 이들을 보살필 수 있는지…

어리석어 보이나 사실은 현명한 사람,
영리해보이지만 결국 어리석은 사람, 나는 어떤 사람입니까?

일과 공덕

대종사 말씀하시기를

「지혜 있는 사람은 지위의 고하를 가리지 않고 거짓 없이 그 일에만 충실하므로, 시일이 갈수록 그 일과 공덕이 찬란하게 드러나고, 어리석은 사람은 그 일에는 충실하지 아니하면서 이름과 공만을 구하므로, 결국 이름과 공이 헛되이 없어지고 마나니라.」

〈대종경 요훈품22장〉

정치가가 끝없이 높은 지위를 가지려고 합니다.
누구나 직장에서 진급을 바랍니다.
잘못된 일이라고 할 수 없습니다.
하지만 지위를 얻으려고 일을 하면 곤란합니다.
공을 드러내기 위해서 일을 하면 도를 잃고 맙니다.
위태롭고 부끄러운 삶이 되고 맙니다.
지위가 높든 낮든 그 일에 충실한 사람은
보통 사람이되 보통 사람이 아닙니다.
이런 사람이 하는 일은 그냥 일이 아니고 불공이고 보은입니다.

내 마음을 봅니다.
누가 알아주지 않아도 내가 하는 일에 열심일 수 있는가?
지위가 높아지지 않아도 즐겁게 이 일을 할 수 있는가?
공덕이 다른 사람에게 돌아가도 마음이 요란하지 않을 수 있는가?
또 내게 물어봅니다.
내가 하고 있는 일이 누가 시켜서 마지못해 하는 것인지?
해야 할 일을 기쁘게 하고 있는지?

일 할 수 있고, 보은 할 수 있어서 기쁩니다.
보은의 땀방울로 극락문이 열리고 광대무량한 낙원이 건설됩니다.
오늘도 기쁘게 보은하는 하루가 되기를 기도합니다.

낮아지는 사람

대종사 말씀하시기를

「제가 스스로 높은 체하는 사람은 반드시 낮아지고,
항상 남을 이기기로만 주장하는 사람은 반드시 지게 되나니라.」
〈대종경 요훈품23장〉

달도 차면 기울고 열흘 넘게 붉은 꽃도 없다는 말이 있습니다.
실제로 지위가 높거나, 재력이 많거나, 학식이 많더라도
그것을 오래 유지하기란 쉽지 않은 일입니다.
하물며 스스로 높은 체 하는 사람은 그 말로가 위태롭습니다.
내가 스스로 높은 체 하는 것은 공부인의 태도가 아닙니다.
인격이나 법력도 마찬가지입니다.
열심히 살다보면 사람들로부터 인정을 받을 수는 있지만
그것이 목적이 되면 삶이 초라해집니다.

항상 남을 이기기로만 주장하는 사람도 마찬가지입니다.
이기는 것이 삶의 목적이 되어서는 곤란합니다.
진정한 강자는 스스로 강해질 뿐입니다.
열심히 살다보니 강해질 뿐입니다.
누군가를 이겨서 그 강함을 증명할 필요는 없습니다.
상대를 높여주는 사람이 참으로 높은 사람이고,
약한 사람을 도와주는 사람이 진정한 강자입니다.
이 사람은 질래야 질 수 없는 사람입니다.
그렇게 살아갈 때
사이좋고, 평화롭고, 서로 사랑하는 세상이 될 것입니다.
나도 행복하고 다른 이들도 행복한 세상이 될 것입니다.

숨길 것, 들춰낼 것

대종사 말씀하시기를

「선은 들추어낼수록 그 공덕이 작아지고
악은 숨겨둘수록 그 뿌리가 깊어지나니,
그러므로 선은 숨겨두는 것이 그 공덕이 커지고
악은 들추어내는 것이 그 뿌리가 얕아지나니라.」

〈대종경 요훈품24장〉

도토리 키 재기라는 말이 있습니다.
도토리가 서로 키가 크다고 아웅다웅하는 모습을 이릅니다.
도토리가 만약 키 재기에만 열중한다면 정말 걱정입니다.
끝까지 그 도토리는 도토리에 지나지 않을 것이기 때문입니다.
오히려 흙 속으로 들어가야겠지요.
어두운 곳에서 썩어 가며 싹을 틔워야합니다.
그래야 큰 떡갈나무, 수많은 도토리를 맺는 나무로 자랄 수 있지요.
스승님께서는 자신의 선행을 너무 드러내지 말라고 하십니다.
가만히 덮어두라고 하십니다.

어디선가 냄새가 납니다.
알 수 없는 좋지 않은 냄새가 납니다.
여기 저기 킁킁거리며 냄새의 출처를 찾으려 애를 씁니다.
결국 보이지 않는 곳에 숨겨진 냄새의 원인을 찾아냅니다.
보이지 않는 곳에서 무언가 썩고 있던 것이죠.
악(惡)도 이와 같아서 보이지 않는 그늘에서 자라고 썩어갑니다.
구석진 곳을 없애고 보이지 않는 곳까지 청소를 잘 해야 하듯

대종사님은 자신의 악을 드러내라고 하십니다.
진리 앞에, 사람들의 시선 앞에 드러내라고 하십니다.
더러운 것이 밝은 햇볕 아래서 맑아지듯이 그렇게 하라고 하십니다.
물론 다른 사람의 선은 드러내고, 다른 사람의 악은 덮어주라고 하십니다.

큰 덕, 큰 죄

대종사 말씀하시기를

「덕도 음조(陰助)하는 덕이 더 크고,
죄도 음해(陰害)하는 죄가 더 크나니라.」

〈대종경 요훈품25장〉

누군가의 얼굴을 마주하고 "네"라고 하기는 쉬워도
"아니오"라고 말하기는 어렵습니다.
그래서 그 사람 뒤에서 이야기를 하게 됩니다.
그러다가 흉을 보게 됩니다.
몰래 흉을 보다보면 그것이 모여 음해가 됩니다.
어둠 속에서 누군가의 등을 흉기로 찌르는 것과 다르지 않습니다.
안타까운 일입니다.

소소영영한 인과의 진리가 모두 보고 있음을 모르기 때문입니다.
'주는 사람이 받는 사람이 되고, 가는 것이 오는 것이 되는'
인과의 이치를 모르는 사람들의 안타까운 모습입니다.
하지만 세상이 아직도 밝고 훈훈한 까닭은
음해(陰害)보다 음덕(陰德)이 더 많아서 일 것이라고 생각합니다.
누가 아는 것을 오히려 꺼리며
소리 없이 덕을 베푸는 숨은 덕인들이 있어서라고…

부모님들은 아이들에게 자신의 덕을 뽐내지 않습니다.
그저 아이들이 잘 자라기만을 바랍니다.
불보살님들도 마찬가지입니다.
세상이 알아주든 몰라주든 해야 할 일들을 하실 뿐입니다.
마치 하늘과 땅이 인간이 할 수 없는 일을 하면서도
아무런 말도 하지 않고 아무런 생색도 내지 않는 것과 같습니다.
그래서 천지님의 덕은 너무 커서 없는 것 같기까지 합니다.
음해와 음조, 음덕이 자라는 곳이 모두 내 마음 속임을 유념하며
보이지도 않는 큰 덕을 생각하며, 느끼며, 감사해야겠습니다.

선이 악으로, 악이 선으로

대종사 말씀하시기를

「선을 행하고도 남이 몰라주는 것을 원망하면 선 가운데 악의 움이 자라나고, 악을 범하고도 참회를 하면 악 가운데 선의 움이 자라나나니, 그러므로 한 때의 선으로 자만자족하여 향상을 막지도 말고, 한 때의 악으로 자포자기하여 타락하지도 말 것이니라.」

〈대종경 요훈품26장〉

작은 싹이 자라나 아름드리가 됩니다.
방울물이 모여서 천리 장강을 이룹니다.
어린아이가 어른이 되고 중생이 변해 불보살이 됩니다.
강자가 약자가 되기도 하고 약자가 강자가 되기도 합니다.
우주만유 세상만사가 변하고 또 변합니다.
사람도 마찬가지입니다.
선한 사람이 악한 사람으로,
악한 사람이 선한 사람으로 변하기도 합니다.
원래 악한 사람도 없고, 원래 선한 사람도 없습니다.
만약 이렇게 변하는 원리가 없다면 우린 생긴 대로 살아야 합니다.
악한 사람은 끝까지 악한 사람으로 살아야 하고,
성질이 급한 사람은 죽을 때까지 성질 급하게 살고,
게으른 사람은 평생 게으르게 살아야겠지요.
하지만 모든 것은 변할 수 있습니다.
우리의 마음도 변할 수 있고 사람도 변할 수 있습니다.
이 간단한 진리가 우리의 무한한 희망입니다.
마음만 먹으면 게으른 사람도 부지런한 사람으로 변할 수 있고,
마음만 돌리면 급한 성질도 바꿀 수 있습니다.
마음만 챙기면 내가 나를 변화시킬 수 있습니다.
변할 수 있다는 것을 믿는 것이 신앙이고
변화를 위해 끝없이 노력하는 것이 바로 수행입니다.
신앙과 수행의 핵심은 변화를 위한 노력입니다.
자만자족할 것도 없고, 자포자기할 것도 없습니다.

공짜는 없다

대종사 말씀하시기를

「어리석은 사람은 공것이라 하면 좋아만 하고,
그로 인하여 몇 배 이상의 손해를 받는 수가 있음을 알지 못하나,
지혜 있는 사람은 공것을 좋아하지도 아니하려니와,
그것이 생기면 다 차지하지 아니하고 정당한 곳에 나누어 써서,
재앙이 따라오기 전에 미리 액을 방비하나니라.」

〈요훈품27장〉

공것은 흔히 공짜라고도 합니다.
땀 흘리지 않고 거저 얻는 것을 이릅니다.
물도 공짜, 공기도 공짜, 길에서 주운 돈도 공짜입니다.
일한 것 보다 더 받은 보수도 공짜입니다.
그런데 깊이 생각해보면 그렇지 않습니다.
이 세상에 공짜는 아무 것도 없습니다.
길에서 주운 돈에는 주인의 피와 땀이 숨어있습니다.
좁게 보고 가까이 보면 공짜가 있을지 몰라도
넓게 보고 멀리서 보면 이 세상에 공짜는 아무 것도 없습니다.
지금 대가를 지불하지 않으면 언젠가 이자까지 갚아야 합니다.
이 계산은 털끝만한 오차도 없습니다.
우주를 주재하는 인과의 진리가 계산하기 때문입니다.
거저 쓰던 물과 공기가 썩어갑니다.
물 쓰듯 쓰던 석유는 고갈되고 빙하는 녹아내립니다.
이 우주 전체가 무엇과 바꿀 수 없는 부처님, 법신불 사은님입니다.
소중하지 않은 것은 이 우주 안에 아무것도 없습니다.
우리 모두가 소중하고 존귀하고 무엇과 바꿀 수 없는 존재입니다.

공짜 뒤에는 누군가의 희생이 숨어있습니다.
이 세상에 공짜는 없습니다.

참 사람

대종사 말씀하시기를

「진인(眞人)은 마음에 거짓이 없는지라 모든 행사가 다 참으로 나타나고,
성인(聖人)은 마음에 상극(相剋)이 없는지라 모든 행사가 다 덕으로 나타나나니, 그러므로 진인은 언제나 마음이 발라서 삿됨이 없고 성인은 언제나 마음이 안온하여 피로움이 없나니라.」

〈요훈품28장〉

내 생각대로 결과가 나오지 않는 경우가 있습니다.
그 결과를 받아들이기가 쉽지 않습니다.
누군가를 탓하고 싶고 누군가를 원망하기 쉽습니다.
하지만 곰곰이 나를 돌아보면 내 마음에 거짓이 숨어있습니다.
내 안에 거짓이 있고,
내 행동에 거짓이 있어서 그 결과가 거짓으로 나타났을 뿐입니다.
나를 깊이 들여다보았을 때 네 탓이 아니라, 내 탓을 하게 됩니다.

마음이 불편하고 불안할 때,
마음이 어떤 이유로 해서 괴로울 때,
마음을 깊이 들여다봅니다.
무언가 발견되는 것이 있습니다.
상극의 마음입니다. 서로 상대하고 대질리는 마음입니다.
서로를 둘로 나누고, 경계를 짓는 마음입니다.
하나가 둘로 나뉘니 거기서 괴로움이 비롯됩니다.
상극의 마음을 비운 자리에서 비로소
서로 살려주고 어우러지는 상생(相生)의 기쁨이 꽃핍니다.

진인(眞人)과 성인(聖人)을 어렵게만 생각했는데
대종사님 법문을 받드니 그 출발이 좀 쉬워집니다.
거짓된 마음과 상극의 마음, 비우고 또 비우렵니다.

빈 말

대종사 말씀하시기를

「빈 말로 남에게 무엇을 준다든지 또는 많이 주었다고 과장하여 말하지 말라. 그 말이 도리어 빚이 되고 덕을 상하나니라. 또는 허공 법계에 빈 말로 맹세하지 말라. 허공 법계를 속인 말이 무서운 죄고의 원인이 되나니라.」

〈요훈품29장〉

큰 주의를 주고 계십니다.

아주 작아 보이는 것인데 대종사님께서 준엄한 경고를 하십니다.

지난날을 돌아보게 되고 지금 살아가고 있는 나를 돌아보게 됩니다.

마음에 찔리는 구석이 없지 않습니다.

지금은 어려워서 그렇지만 형편이 나아지면 많이 베풀겠노라고,

그 때 참 내가 많이 베풀었다고,

허언을 하기도 하고 부풀려 말 한 적이 없지 않습니다.

또 얼마나 자주 빈 말로 약속을 했는지 생각해보면 등에서 땀이 납니다.

가만히 생각해봅니다.

내 말 한 마디, 한 마디에 책임을 지기로 한다면

당연히 말 한 마디도 무거울 수밖에 없습니다.

허공 법계에 대한 말씀도 그렇습니다.

대종사님처럼 크게 깨달으신 분들에게 허공은 없는지도 모릅니다.

허공 아닌 것도 없고,

허공도 따로 없어서 숨길 것도 없고, 드러낼 것도 없는지 모릅니다.

그래서 쥐도 새도 모르게 한 맹세도 이 우주에 꽉 도장 찍히나 봅니다.

소리 없이 찍힌 도장이 언젠가 내게 돌아오나 봅니다.

'우주의 진리는 원래 생멸이 없이 길이길이 돌고 도는지라,

가는 것이 곧 오는 것이 되고 오는 것이 곧 가는 것이 된다' 는

인과(因果) 법문이 새롭게 다가옵니다.

내 한 마음, 말 한 마디가 행복과 불행, 운명을 좌우한다는 것.

다시 한 번 명심해야겠습니다.

나 먼저 풀어야

대종사 말씀하시기를

「자기 마음 가운데 악한 기운과 독한 기운이 풀어진 사람이라야 다른 사람의 악한 기운과 독한 기운을 풀어 줄 수 있나니라.」
〈요훈품30장〉

어떤 사람 곁에 가면 마음이 푸근해집니다.
어쩐지 따스한 봄바람 같습니다.
어떤 사람 곁에 가면 마음이 굳어집니다.
겨울바람처럼 차갑고 긴장됩니다.
자비로운 스승님을 뵈면 내 안의 악하고 독한 기운들이
눈 녹듯 녹아버립니다.
먼발치에서 뵙기만 해도, 멀리서 그리워하기만 해도 그러합니다.
싱그러운 숲속을 거닐면 내 마음도 싱그럽습니다.
고요한 강물을 바라보면 내 마음도 그렇게 닮아갑니다.
마음이 평화로운 사람 옆에선 내 마음도 그렇게 됩니다.
아무나 그럴 수는 없겠지요.
정성스런 마음공부로 탐냄, 성냄, 어리석음…
악한 마음과 독한 마음을 비우고 비운 사람만이 가능한 경지입니다.
누군가를 도와주기 전에
내 마음에 자리잡은 탐(貪), 진(瞋), 치(痴)를 제거하고,
독한 기운, 악한 기운을 풀어내고 녹여낼 일입니다.
깨끗함은 더러움을 맑히고, 따뜻함은 차가움을 녹입니다.

새싹 돋아나는 봄날입니다.
나날이 맑아지고 훈훈해지는 삶을 염원합니다.

복을 불러오는 마음

대종사 말씀하시기를

「상극의 마음이 화(禍)를 불러들이는 근본이 되고, 상생의 마음이 복(福)을 불러들이는 근본이 되나니라.」

〈요훈품31장〉

두 사람이 길을 갑니다.
다정하게 손을 잡고 걸어갑니다.
물어보지 않아도 흐르는 정이 느껴지고,
서로를 사랑하는 마음이 느껴집니다.
들여다보지 않아도 그들의 행복이 느껴집니다.
상생(相生)의 마음이란 서로를 살려주고 위해주는 마음입니다.
상생의 마음이 있는 곳에 행복이 피어납니다.
가족들에게 상생의 마음이 있으면 가정이 행복하고
직원들에게 상생의 마음이 있으면 직장이 행복합니다.
민족, 국가, 세계 모두 마찬가지입니다.
상극(相剋)의 마음은 그 반대,
서로 화합하지 못하고 해를 주고 부딪칩니다.
상극의 기운이 있는 곳에선
가정이 깨지고, 직원들이 불화하고, 나라끼리 전쟁을 합니다.
천지만물이 고통스러워합니다.

만물이 소생하는 화창한 봄날에 내 마음을 봅니다.
나를 살리고, 사랑하는 마음이 있는지…
가족과 이웃을 살리고, 사랑하는 마음이 있는지…
천지만물을 모두 살리고, 사랑하는 마음이 있는지…
복 받을 만한 마음을 가지고 살고 있는지 살펴봅니다.
따뜻한 봄날에 따뜻한 상생의 마음 꽃피워야겠습니다.

앞길을 여는 법

대종사 말씀하시기를

「아무리 한 때에 악을 범한 사람이라도 참 마음으로 참회하고 공덕을 쌓으면 몸에 악한 기운이 풀어져서 그 앞길이 광명하게 열릴 것이요, 아무리 한 때에 선을 지은 사람이라도 마음에 원망이나 남을 해칠 마음이 있으면 그 몸에 악한 기운이 싸고돌아서 그 앞길이 암담하게 막히나니라.」

〈요훈품32장〉

누구나 자신의 앞길이 광명하고 평탄하기를 바랍니다.
나도 그렇고 당신도 그러합니다.
그 앞길이 궁금해서 점쟁이를 찾기도 하고 근심도 합니다.
하지만 정작 중요한 것은 그 앞길이 되는 바로 지금, 현재의 내 삶입니다.
비록 어제까지의 삶이 어두웠다고 하더라도
오늘 내딛는 첫발이 밝은 길이라면 내 앞길은 광명의 길입니다.
비록 어제까지의 삶이 밝고 평탄했더라도
오늘 그릇된 길로 접어든다면 내 앞길은 어둠과 고통의 길입니다.
악한 사람이 선한 사람이 되기도 하고
선한 사람이 악한 사람이 되기도 합니다.
그것이 모두 내 한 마음에 달렸으니, 무섭기도 하고 안심되기도 합니다.
진리를 깨달으신 모든 부처님들께서 늘 말씀하시는 것이 있으니
바로 '한 마음' 입니다.
보이지 않는 내 마음 한 조각이 내 삶을 바꾸고 운명을 바꿉니다.
내 가정을 바꾸고, 사회, 국가를 바꿉니다.
과거에 사로잡히지 않고 늘 새로운 미래를 설계할 수 있는
무한한 희망의 가르침을 주고 계십니다.
이 말씀을 믿을지 말지도 또한 내 한 마음에 달렸습니다.

내 앞길을 여는 법, 내 한 마음에 달렸습니다.

중생과 도인

대종사 말씀하시기를

「중생들은 열 번 잘 해준 은인이라도
한 번만 잘못하면 원망으로 돌리지마는
도인들은 열 번 잘못한 사람이라도 한 번만 잘하면 감사하게 여기나니,
그러므로 중생들은 은혜에서도 해(害)만 발견하여 난리와 파괴를 불러 오고,
도인들은 해에서도 은혜를 발견하여 평화와 안락을 불러오나니라.」
〈요훈품33장〉

밥을 먹다가 돌을 씹습니다.
바로 숟가락을 놓을 수도 있고 계속해서 밥을 먹을 수도 있습니다.
내 마음이 밥 속의 돌만을 크게 본다면
입맛이 떨어져서 숟가락을 놓게 될 것입니다.
내 마음이 돌이 아닌 수많은 밥알들을 본다면
입맛은 떨어지지 않고 맛있게 밥을 먹을 수 있습니다.

사이좋게 지내던 누군가가 내게 아주 섭섭한 행동을 합니다.
원망하며 관계를 끊을 수도 있고 사이좋은 관계를 계속할 수도 있습니다.
내 마음이 그의 실수만을 크게 본다면
원망이 싹트고 관계가 소원해질 것입니다.
내 마음이 한 순간의 실수가 아니라 평소의 고마움을 잊지 않는다면
비온 뒤 굳어지는 땅처럼 좋은 관계로 발전할 것입니다.

대낮에도 어둠과 절망만을 보는 사람이 있습니다.
마음도 어두워지고 운명도 절망적으로 변해갑니다.
혹독한 역경 속에서도 밝음과 희망을 보는 사람이 있습니다.
그의 삶은 밝은 희망으로 가득차게 됩니다.
이것이 삶의 원리입니다.
내가 무엇을 보고 있는지를 돌아보는 것, 참으로 중요한 일입니다.

안타까운 깨달음

대종사 말씀하시기를

「선한 사람은 선으로 세상을 가르치고,
악한 사람은 악으로 세상을 깨우쳐서,
세상을 가르치고 깨우치는 그 공이 서로 같으나,
선한 사람은 자신이 복을 얻으면서 세상일을 하게 되고,
악한 사람은 자신이 죄를 지으면서 세상일을 하게 되므로,
악한 사람을 미워하지 말고 불쌍히 여겨야 하나니라.」

〈요훈품34장〉

술에 절어서 중독이 되고 다 죽게 된 다음에야
술을 끊겠다는 사람이 있습니다.
담배 연기에 건강을 다 태워버린 다음에야
가위로 담배를 싹둑 싹둑 자르는 사람이 있습니다.
도박으로 재산을 날리고 가족을 파괴한 다음에야
다시 도박을 하면 손가락을 자르겠다고 울부짖는 사람이 있습니다.
소중한 생명을 앗거나 상하게 하고 경찰에 붙잡힌 다음에야
잘못했다고 고백하는 흉악범이 있습니다.
제대로 된 깨달음이 아니라
안타까운 후회의 모습이고, 비참한 깨달음입니다.

가만히 생각해봅니다.
행복과 불행, 깨달음과 무명의 차이를…
그리고 다시 다짐합니다.
보기에도 안타까운 그런 깨달음의 주인공이 아니라,
복을 받으며 세상도 밝히는 그런 깨달음의 주인공이 되어야겠다고.

버릴 것이 없다

대종사 말씀하시기를

「이용하는 법을 알면 천하에는 버릴 것이 하나도 없나니라.」
〈요훈품35장〉

물건을 이용할 줄 모르면
이것저것 버릴 물건이 많아집니다.
사람을 살려 쓸 줄 모르면
멀리하고 버릴 사람이 많아집니다.
마음을 사용할 줄 모르면
내 마음도 자꾸 조각내서 버리게 됩니다.
대종사님은 당신의 가르침을
'모든 재주와 모든 물질과 모든 환경을
오직 바른 도로 이용하도록 가르친다.' 고 말씀하십니다.
이 말씀 새겨보니 정말 그렇습니다.
바깥 세계를 탓하고, 환경을 원망할 것이 아니라
내가 이들을 잘 이용할 지혜가 있는지 반성해봐야겠습니다.

모든 것을 상생의 도(道)로 잘 이용할 줄 아는 사람,
이 사람이 지혜 있는 사람이고,
감사할 줄 아는 사람이고, 성공할 줄 아는 사람이고,
행복할 줄 아는 사람입니다.

이 우주 안에 있는 모든 존재는 있는 그대로 존귀합니다.
정말 필요 없는 것이라면 존재치 않았을 것입니다.
우주만물 모두는 서로 없어서는 살 수 없는 존재입니다.
모두 은혜입니다.

알아야

대종사 말씀하시기를

「사람이 말 한 번 하고 글 한 줄 써 가지고도
남에게 희망과 안정을 주기도 하고,
낙망과 불안을 주기도 하나니,
그러므로 사람이 근본적으로 악해서만 죄를 짓는 것이 아니라,
죄 되고 복 되는 이치를 알지 못하여 자신도 모르는 가운데
죄를 짓는 수가 허다하나니라.」

〈요훈품36장〉

저의 지난날을 돌이켜봐도 이 말씀이 꼭 맞습니다.
교전을 보다가 인생의 방향을 결정했고,
스승님들의 따뜻한 격려가 역경을 이기게 했으니까요.

말이나 글,
만물을 살리는 봄바람이기도 하고
피를 흘리게 하는 칼날이기도 합니다.

가만히 내 말과 글을 돌아봅니다.
희망과 안정을 주는 말과 글인지,
낙망과 불안으로 악업을 짓는 것은 아닌지.
입이 죄와 복을 불러오는 문이 된다는
구시화복문(口是禍福門)의 이치도 다시 생각하게 됩니다.

말이나 글이나 결국 마음을 담는 그릇일진대
말과 글을 다스리려면
마음공부 하지 않을 수가 없네요.
늘 그렇듯이 말과 글보다는 마음이 먼저입니다.

더 큰 선(善)

대종사 말씀하시기를

「살·도·음 같은 중계(重戒)를 범하는 것도 악이지마는,
사람의 바른 신심을 끊어서
영겁 다생에 그 앞길을 막는 것은 더 큰 악이며,
금전이나 의식을 많이 혜시하는 것도 선이지마는,
사람에게 바른 신심을 일으켜서
영겁 다생에 그 앞길을 열어 주는 것은 더 큰 선이 되나니라.」

〈요훈품37장〉

바른 신심, 바른 믿음.
눈에 보이지 않아 있는 듯, 없는 듯합니다.
하지만 이 한 마음을 놓치게 하는 것이
생명을 죽이는 것보다 무거운 죄가 된다고 하십니다.
물건을 훔치고, 음행을 하는 것보다 죄가 무겁다고 하십니다.

있으나 없으나 살아가는 데 별 지장 없어 보이는 신심.
값비싼 재물과도 바꿀 수 없이 소중하다고 하십니다.
진리를 깨달으신 대종사님의 생각입니다.

바른 신심, 한 마음이 바로
모든 죄악을 극복하게 하는 원동력이 되고,
일시적 선행이 아니라,
사람 자체를 선한 사람으로 거듭나게 합니다.
무량 공덕이 솟아나는 마르지 않는 샘물이고,
행복을 열매 맺게 하는 깊은 뿌리입니다.
내 삶의 중심입니다.

제도하기 어려운 사람

대종사 말씀하시기를

「세상에 제도하기 어려운 사람이 있나니,
하나는 마음에 어른이 없는 사람이요,
둘은 모든 일에 염치가 없는 사람이요,
셋은 악을 범하고도 부끄러운 마음이 없는 사람이니라.」

〈대종경 요훈품38장〉

고통과 불행의 구렁텅이에 빠진 사람을 구해주려 해도,
그 손길을 거부하는 사람이 있다고,
건져주기 힘든 사람이 있다고,
대종사님께서 안타까운 마음을 토로하십니다.

깨달음이 깊은 사람도 몰라보고,
인생 경험이 깊은 사람도 몰라보고,
자비의 손길을 몰라보는 사람이 있습니다.
그냥 맞먹고, 가볍게 아는 사람이 있습니다.
소중한 가르침도 튕겨 나오고 맙니다.
겸손을 잃은 인격엔 성장도 없습니다.
마음에 어른이 없는 사람입니다.
거짓말을 하고도 당당하고,
이웃에게 피해를 주고도 무신경하고,
약속을 지키지 않아도 대수롭지 않은 사람이 있습니다.
선악의 구분을 못하는 사람이 있습니다.
내 욕심을 채우는 것이 삶의 목표인 듯 한 사람이 있습니다.
염치를 잃은 인격엔 소중한 가르침이 스며들지 못하고 맙니다.
그런 사람들…
밖에 있는 것이 아니라,
바로 내 안에 있는 것 아니냐고 묻고 또 물어야 하겠습니다.
많이 아프더라도.

어김과 지킴

대종사 말씀하시기를

「대중 가운데 처하여 대중의 규칙을 어기는 것은
곧 그 단체를 파괴하는 것이요,
대중의 뜻을 무시하는 것은 곧 천의를 어김이 되나니라.」
〈대종경 요훈품39장〉

마음에 두려움이 들 정도로 강한 어조의 말씀입니다.

대중이 정한 규칙은 존중되어야 한다는 것
알고 있습니다.
그러나 어김없이 실천한다는 것은 대단히 어렵습니다.

그저 고만 고만한 사람들이 모여서 약속한 것에 지나지 않는다고
생각하면 큰 일 나겠습니다.
대중의 뜻은 곧 하늘의 뜻과 같다는 말씀을 마음 깊이 새기지 않으면
대중을 속이고, 진리를 속이며, 모두를 파괴하는 사람이 될 수 있습니다.

많은 사람들이 쌓아온 경험과 수많은 지혜가 모아진 것이 규칙인데
이것을 무시한다는 것은 법신불 사은님을 무시하는 것이 될 것입니다.
법률은혜에 배은하는 것이죠.
한 사람 한 사람의 마음이 부처님의 마음이고,
그들의 뜻이 부처님의 뜻임을 안다면
내가 지켜야 할 것이 무엇인지 알 수 있습니다.

지킬 것을 지키는 가운데
내 삶이 흘러갑니다.
바른 것을 지킨다면 결국 법신불 사은님께서 지켜주실 것입니다.

평범한, 특별한 인물

대종사 말씀하시기를

「대중 가운데 처하여 비록 특별한 선과 특별한 기술은 없다 할지라도 오래 평범을 지키면서 꾸준한 공을 쌓는 사람은 특별한 인물이니, 그가 도리어 큰 성공을 보게 되리라.」

〈대종경 요훈품40장〉

좀 살아보니 알 것 같습니다.
오래 동안 평범을 지키면서 꾸준히 공을 쌓는 것의 어려움을.

아침마다 일찍 일어나 심고 올리고 좌선을 하는 것,
입맛이 없어도 밥을 먹는 것,
정해진 시간에 풀을 베거나 회의에 참석하는 것,
어기고 싶은 약속을 어기지 않는 것,
건강을 위해 규칙적으로 운동 하는 것,
사소한 규칙을 어기지 않는 것,
일을 앞두고 꼼꼼히 준비하는 것,
바쁜 일 속에서도 공부를 잊지 않는 것,
유념할 자리에 유념하는 것,
스승님께 여쭤가며 살아가는 것,
내 삶의 목적을 돌아보며 기도하는 것,
잘 시간에 잠자리에 드는 것,
……
정말 평범한 일이지만 결코 쉽지 않습니다.
하루 이틀이 아니라 꾸준히 계속한다는 것,
해보면 압니다, 정말 쉽지 않습니다.
다시 한 번 마음을 다잡아봅니다.
특별을 넘어서 평범한 사람으로 나아가자고.

도가의 명맥

대종사 말씀하시기를

「도가의 명맥(命脈)은 시설이나 재물에 있지 아니하고, 법의 혜명을 받아 전하는 데에 있나니라.」

〈대종경 요훈품41장〉

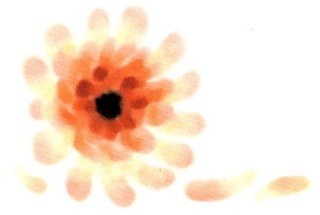

실내장식이 아름답고 직원도 친절한데
음식 맛이 없다면 좋은 음식점은 아닙니다.

새로 지은 건물에 인물 좋은 의사가 있어도
의술이 뛰어나지 않으면 좋은 병원은 아닙니다.

돈이 많고 지위가 높아도
자식에 대한 사랑이 없으면 좋은 부모는 될 수 없습니다.

어디나 '핵심 가치' 라는 것이 있습니다.
가장 중요하게 여기는 그 무엇입니다.

도가(道家), 종교가의 핵심 가치란 무엇일까요?
대종사님은 말씀하십니다.
번드르르한 시설도 아니고, 넉넉한 재물도 아니라고.
내 안의 어둠과 세상의 어둠을 밝혀줄 지혜의 등불!
깨달음의 혜명이 핵심이라고.

종교에 입문하기도 어려운데
입문하고 나서 무엇을 구하고 있는지…
내가 법의 혜명을 이어가고 있는지…
돌아보고 또 돌아볼 일입니다.

참 자유

대종사 말씀하시기를

「참 자유는 방종(放縱)을 절제하는 데에서 오고,
큰 이익은 사욕을 버리는 데에서 오나니,
그러므로 참 자유를 원하는 사람은 먼저 계율을 잘 지키고,
큰 이익을 구하는 사람은 먼저 공심(公心)을 양성하나니라.」
〈대종경 요훈품42장〉

한 행동을 할 때마다.
한 마음을 챙길 필요가 있습니다.
과연 이 행동 끝에 찾아올 결과가 무엇인지 생각하며.

몸이 하자는 대로 다 하고,
내 성질대로 다 하고 나서 내게 올 것이 무엇인지…
욕심에 끌려서 하자는 대로 따라다니다 보면
그 종착지엔 뼈아픈 고통과 후회가 기다리고 있을 뿐입니다.
방종의 결과입니다.
눈앞의 이익을 좇아 충혈된 눈으로 세상을 누비는 모든 이들은
과연 삶의 풍요로움을 느끼고 있는지 의심스럽습니다.
거짓된 나에게 끌려다닌 과보입니다.

스승님의 삶의 지혜란 참 묘합니다.
바둑돌을 놓는 순서에 따라 바둑의 승패가 바뀌듯이
내 삶의 순서를 바꾸라고 하십니다.
방종 앞에 절제를 놓고, 이익 앞에 공익심을 먼저 놓으라고 하십니다.
그러면 우리 삶은 새롭게 꽃피게 된다고 하십니다.
내 행동 하나하나를 어떻게 할지는 결국 내 한 마음에 달렸습니다.

복 밭 福田

대종사 말씀하시기를

「중생들은 불보살을 복전(福田)으로 삼고, 불보살들은 중생을 복전으로 삼나니라.」

〈대종경 요훈품43장〉

불행을 꿈꾸는 사람은 한 사람도 없습니다.
죄악을 지어 벌을 받기를 원하는 사람도 없습니다.
누구든 행복을 꿈꾸고 선업을 지어 복 받기를 원합니다.
그런데 복의 씨앗을 어디에 뿌려야 그 열매를 거둘 수 있나요?
쉬운 물음이지만, 그 답을 제대로 알고 실천하기란 쉽지 않습니다.

죄복의 이치를 훤히 아시는 불보살님들은 복의 밭을 가는데
그 밭이 바로 중생들입니다.
지혜가 어두워 어디가 복의 밭인 줄도 모르는 사람들,
이 중생들이 바른 길을 걸어 행복하도록 땀을 흘립니다.
중생의 행복이 불보살님들의 행복입니다.
석가모니 부처님이 그렇게 사셨고,
공자님, 예수님, 대종사님이 그렇게 기쁘게 살다 가셨습니다.
고난의 길이었으나 영원한 복락의 길이었습니다.

복 짓고 복 받는 방법을 모르는 사람을 일러 중생이라고 합니다.
모르면 아는 사람에게 묻기라도 해야 하는데 그것조차 안합니다.
그러니 죄악의 씨앗을 뿌려 쓰디쓴 과보를 받습니다.
불보살님들을 가깝게 모시는 것만으로도 행복의 길이 열립니다.
그 분들이 일러주는 대로 씨 뿌리고 김매면 그만입니다.
불보살님들에게 마음을 여는 순간 이미 중생이 아닙니다.
복이 덩굴째 굴러들어옵니다.

널리 아는 사람

대종사 말씀하시기를

「사람으로서 육도와 사생의 세계를 널리 알지 못하면
이는 한 편 세상만 아는 사람이요,
육도와 사생의 승강되는 이치를 두루 알지 못하면
이는 또한 눈앞의 일 밖에 모르는 사람이니라.」
〈대종경 요훈품44장〉

「육도(六道)사생(四生)으로 건설되는 이 세계는
우리의 마음의 차별심으로 부터 생겨서 나열된 세계니라.
천도(天道)란 모든 경계와 고락을 초월하여 그에 끌리지 아니하며
고 가운데서도 낙을 발견하여 수용하는 세계요,
인도(人道)란 능히 선도 할만하고 악도 할만하여 고도 있고 낙도 있으며,
향상과 타락의 기로에 있어
잘하면 얼마든지 좋게 되고 자칫 잘못하면 악도에 떨어지게 되는 세계요,
축생계(畜生界)란 예의염치를 잃어버린 세계요,
수라(修羅)란 일생 살다 죽어버리면 그만이라고 하여
아무것도 하지 않고 허망히 살기 때문에 무기공에 떨어진 세계요,
아귀(餓鬼)란 복은 짓지 아니하고 복을 바라며,
명예나 재물이나 무엇이나 저만 소유하고자 허덕이는 세계요,
지옥(地獄)이란 항상 진심을 내어 속이 끓어올라
그 마음이 어두우며 제 주견만 고집하여 의논 상대가 없는 세계니라.
이와 같이 육도 세계가 우리의 마음으로 건설되는 이치를 알아서
능히 천도를 수용하며 더 나아가서는 천도도 초월하여야
육도 세계를 자유 자재하나니라.」
이 말씀은 정산종사님 말씀입니다.
사생은 생명체들을 태생(胎生), 난생(卵生), 습생(濕生), 화생(化生)으로
분류한 것인데 육도 사생이 모두 '차별심'에서 비롯되었다고 하십니다.
내 한 마음, 이토록 무섭습니다.

내 마음은 지금 어디에 있는지…
거기가 바로 내 세계 일 뿐입니다.

행복한 사람

대종사 말씀하시기를
「그 마음에 한 생각의 사(私)가 없는 사람은 곧 시방 삼계를 소유하는 사람이니라.」
〈대종경 요훈품45장〉

물끄러미 소리 없이 흐르는 강물을 볼 때,
겨울 하늘을 무리지어 나는 철새들을 볼 때,
흩날리는 첫눈을 보면서 소중한 사람에게 전화를 걸 때,
옆 사람의 고민을 들으며 함께 아파할 때,
누가 보든 말든 열심히 땀 흘려 일할 때,
얼음이 녹아내리는 북극의 곰들을 걱정할 때, 함께 맛있게 밥을 먹을 때,
두렵고 고통스러워도 옳은 일을 위해 나설 때,
편안히 숨을 들이쉬고 행복하게 숨을 내쉴 때,
이럴 때 뭐 사(私)라고, 나라고 할 것이 없는 것 같습니다.

다른 사람과 나를 비교할 때, 내 일을 하면서 뭔가 손해 본다고 느낄 때,
반드시 경쟁에서 이기려들 때, 내 안위를 위해 그른 일을 할 때,
끝없는 욕망을 채우기 위해 허덕일 때,
바람에 흔들리는 나무들을 보면서 별 느낌이 없을 때,
곁에 있는 사람들이 고맙게 느껴지지 않을 때,

아마도 내가 작은 나 안에 갇혀버린 것 아닌가 싶습니다.

스승님들께서 말씀하십니다.
마음에 사사(邪私)가 끊어지면 일원(一圓)의 위력을 얻고,
마음에 망념(妄念)이 쉬면 일원의 체성(體性)에 합일한다고.
지공무사(至公無私)하게 사는 것이 우리 목적이라고.
진정한 행복, 거기에 있다고.

마음의 보주
대종경 요훈품

초판 · 1쇄 발행 원기 95년(2010) 4월 20일
초판 · 2쇄 발행 원기 98년(2013) 3월 4일
엮고쓴이 · 최정풍

디자인 · 박유성
펴낸곳 · 도서출판 동남풍
발행인 · 김영식
등록번호 · 제66호(1991. 5. 18)
주소 · 익산시 신용동 344-2 원불교중앙총부 | **전화** · 063)850-3382 | **전송** · 063)850-3383
원불교 출판사 · 063)850-3324
ISBN · 978-89-6288-009

값 8,000원